INSTITUTION NATIONALE DES JEUNES AVEUGLES

DE PARIS

Séance solennelle du 8 août 1879

PRÉSIDÉE

PAR M. MARTIN FEUILLÉE

Député, Sous-Secrétaire d'État au Ministère de l'Intérieur

INAUGURATION DU BUSTE

DUFAU

ANCIEN DIRECTEUR DE L'INSTITUTION

DISCOURS PRONONCÉ A CE SUJET

PAR M. EUGÈNE DE THIAC

Membre et Secrétaire
de la Commission consultative de ladite institution

PARIS

TYPOGRAPHIE GEORGES CHAMEROT

19, RUE DES SAINTS-PÈRES, 19

1879

Séance solennelle du 8 août 1879

PRÉSIDÉE

PAR M. MARTIN FEUILLÉE

Député, Sous-Secrétaire d'État au Ministère de l'Intérieur

INAUGURATION DU BUSTE

DUFAU

ANCIEN DIRECTEUR DE L'INSTITUTION

DISCOURS PRONONCÉ A CE SUJET

PAR M. EUGÈNE DE THIAC

Membre et Secrétaire
de la Commission consultative de ladite institution

PARIS

TYPOGRAPHIE GEORGES CHAMEROT

19, RUE DES SAINTS-PÈRES, 19

1879

INSTITUTION NATIONALE DES JEUNES AVEUGLES
DE PARIS

Séance solennelle du 8 août 1879.

INAUGURATION DU BUSTE

DUFAU

ANCIEN DIRECTEUR DE L'INSTITUTION

MONSIEUR LE SOUS-SECRÉTAIRE D'ÉTAT,

MES JEUNES AMIS.

MESSIEURS,

Il n'y a parmi vous que les anciens et vos professeurs qui puissent reconnaître ma voix ; les années ont pu l'affaiblir, mais le temps n'a rien altéré aux sentiments d'affection que je vous ai voués depuis plus de trente ans : c'est qu'en effet, à mesure qu'on connaît mieux votre caractère, vos aptitudes intelligentes, on est porté vers vous par les sentiments d'une vive et profonde sympathie.

On se prend à regretter que votre établissement ne soit pas assez vaste pour recueillir un plus grand nombre d'enfants frappés, comme vous, de cécité ; et on arrive à se demander si ces mêmes enfants ne devraient pas trouver aux lieux de leur naissance, dans leurs propres communes quelques éléments d'instruction et d'éducation qui prépareraient les plus distingués d'entre eux à être admis, avec avantage, dans votre école.

Le vieil Homère a marché à tâtons dans les chemins de l'Ionie sans yeux et sans souliers !

Et les magistrats de la ville de Cumes lui dirent un jour : « Passez votre chemin, le trésor public n'y « suffirait pas s'il fallait venir en aide à tous les « aveugles. »

Nos mœurs modernes, Messieurs, exigent impérieusement qu'il n'en puisse être ainsi désormais, et ce sera l'honneur du gouvernement qui, par ses sollicitudes généreuses, aura réalisé un pareil bienfait !

Un des hommes, mes amis, qui vous a beaucoup aimés et qui a beaucoup fait pour vous, a été M. Dufau, ancien professeur et directeur de votre Institution pendant quarante années !

Il s'est efforcé de continuer les traditions de Valentin Haüy, son maître, et, par son dévouement à son œuvre, il s'est presque montré son émule !

Aussi, mes amis, M. le Directeur actuel de l'Institution qui, depuis trois ans, préside avec autant de cœur que d'intelligence à vos destinées, et MM. les Membres de la Commission consultative, et M. Siou, l'un de vos professeurs, ont pensé qu'en rendant à Dufau un éclatant hommage, ils répondraient à vos sentiments, toujours si reconnaissants, pour tous ceux qui vous tendent une main amie.

Un Comité a été organisé ; j'en ai été nommé le

secrétaire, et la souscription, à peine ouverte, a été spontanément remplie.

Nous sommes heureux d'avoir à remercier tous ceux qui s'y sont associés et particulièrement ces sympathiques et savants directeurs d'écoles d'aveugles de l'étranger, qui ont si utilement figuré à Paris, en septembre dernier, au Congrès international.

Puis, quels témoignages de gratitude ne devons-nous pas avoir pour S. M. l'Empereur de Chine, qui, par l'intermédiaire de son ministre plénipotentiaire, S. E. Kuo, a voulu prendre une forte part à la souscription : souscription bien précieuse, car elle sera assurément la première pierre d'établissements d'aveugles à créer en Chine! Une école de cette sorte se rencontre, à présent, partout où la civilisation marche et se développe.

Enfin, Messieurs, ce n'est pas non plus sans émotion qu'on voit figurer sur nos listes les modestes et touchantes souscriptions de tous les professeurs et de tous les élèves de notre Institution.

Le Comité a désiré que le buste de Dufau fût fait en marbre, afin d'en assurer le plus possible la durée.

Mme Léon Bertaux, artiste sculpteur d'un vrai talent, a heureusement retracé ses traits, le charme de son regard et la douceur de sa physionomie.

Ce buste est là, sous ma main.

En votre nom, en celui de ses amis et au nom de tous ceux qui apprécient les services rendus à l'humanité,

Je le salue !

M. Abadie, l'éminent architecte de notre Institution, ainsi que l'habile artiste statuaire, ont pensé que le buste de Dufau et celui de Braille seraient convenablement placés en parallèle dans le vestibule, chacun sur une gaîne, et en face des noms des bienfaiteurs de votre École.

L'Administration supérieure y a donné son adhésion.

Ces deux bustes, aussitôt après avoir vu la statue de Valentin Haüy, frapperont désormais le regard.

On entrera ainsi dans votre sanctuaire, impressionné dès l'abord par de grands et touchants souvenirs, démontrant combien ont été fécondes les puissantes inspirations de Valentin Haüy, cet homme de génie, le saint Vincent de Paul des aveugles !

Laissez-moi, Messieurs, vous dire succinctement qu'elle a été la vie de Dufau.

Il est né à Bordeaux, le 15 février 1795, d'une famille ancienne et considérée.

Après de brillantes études, il s'est voué à la carrière de l'enseignement. Il fut nommé en octobre 1815, à peine âgé de vingt ans, à l'emploi d'instituteur dans l'Institution des Jeunes Aveugles de Paris.

Et après vingt-cinq années consacrées au professorat, il fut nommé Directeur de cette même Institution, le 20 mai 1840, la même année où M. Guadet, son collaborateur distingué, fut nommé instituteur.

Le 27 mars 1855, M. Dufau fut admis à faire valoir ses droits à la retraite.

Le départ de Dufau produisit dans l'Institution une

vive émotion, et la Commission consultative, dans sa séance du 2 avril 1855, s'y associa dans les termes que je veux rappeler :

« La Commission prend une vive part à cette nou-
« velle ; elle exprime tous ses regrets pour la perte
« que l'Institution va faire en la personne de l'homme
« éminent qui l'a si longtemps dirigée.

« M. Dufau, par l'élévation de son esprit, la loyauté
« de son caractère et ses aptitudes spéciales, a non-
« seulement placé l'Institution de France à la tête de
« toutes les écoles de cette nature ; mais par ses écrits
« il a popularisé partout, en Europe et en Amérique,
« les procédés d'enseignements des aveugles : aussi,
« de toutes parts, M. Dufau était consulté ; de
« toutes parts les étrangers venaient en foule visiter
« l'école, et personne ne fut plus apte, par ses connais-
« sances variées et sa parfaite urbanité, à représenter
« dignement et avec éclat l'École et le Gouvernement
« qui la protège ! »

Dufau, qui, en 1852, et en séance solennelle de la distribution des prix, avait reçu de M. Dufaure, alors ministre de l'intérieur, la croix de la Légion d'honneur, fut en 1855 nommé Directeur honoraire de ladite Institution : titre qu'il a bien mérité et dont il a rehaussé l'éclat par la dignité de sa vie et l'ensemble de ses services et de ses travaux.

Dufau était un érudit ; c'était aussi un économiste, un publiciste, un penseur et un esprit charmant sachant très bien allier la culture des lettres à celle de la poésie.

Il a beaucoup écrit depuis 1820. Il laisse de nombreux ouvrages, mais dans aucun pas une ligne qui n'ait un caractère de haute moralité, de charité ou d'utilité publique. Ces différents ouvrages mériteraient d'être tous cités ici ; car presque tous ils ont été couronnés par la Société de la Morale chrétienne et par l'Institut de France, mais l'énumération en serait fort longue, et au surplus on les trouvera désormais réunis dans la bibliothèque de l'Institution.

Cependant je me reprocherais de ne pas mentionner spécialement son ouvrage intitulé :

Essai sur l'état physique, moral et intellectuel de l'aveugle-né, qui a été couronné par la Société de la Morale chrétienne et auquel l'Académie française a décerné, en 1837, sur le rapport de M. Villemain, le grand prix Montyon, de six mille francs !

Cet ouvrage a été traduit dans les langues étrangères. Il combat et rectifie les idées paradoxales, émises dans la fameuse lettre de Diderot : *Sur les aveugles, à l'usage de ceux qui voient.*

Il est resté le guide de tous ceux qui ont à élever des enfants aveugles.

M. Dufau a également publié, en 1859, sous le titre de *Fables et Allégories,* un volume qu'on peut considérer dans son ensemble comme un cours de philosophie morale, revêtue de la forme qui grave le mieux la leçon dans la mémoire.

L'une de ces fables, livre IV, fable V, vous concerne ; car, mes amis, vous revenez souvent à sa pensée !

Elle est intitulée : *les Deux Cécités,* et les vers que voici m'ont frappé :

Sans doute en un sens précieux
Mon enfance fut affligée ;
Mais ma raison mieux partagée
Constamment éclaira mes pas
De sa divine et salutaire flamme ;
Entre deux cécités qui règnent ici-bas,
Celle de corps, celle de l'âme,
De mon lot je ne me plains pas.

L'abbé Respède a complété la pensée de Dufau, en écrivant à un aveugle :

Mais courage !
Doux et sage
Pèlerin !
Va, méprise,
La méprise
Du Destin !

Non-seulement, par ses écrits, Dufau appelait l'attention sur ses protégés ; mais quels sages conseils il leur donnait dans toutes les séances solennelles et avec quel empressement il glorifiait Louis Braille, son élève, inventeur du procédé d'écriture en points saillants ! Dans la séance du 25 mai 1853, il inaugura le buste de Braille, que M. Guadet a proclamé *le Jean Gutenberg* des aveugles.

Et Claude Montal, aussi élève de Dufau, et qui, sous

ses inspirations, a doté l'établissement de l'art d'accorder les pianos.

Montal a été de plus un habile facteur de cet instrument, et, après l'exposition de Londres, en 1851, il fut décoré de la croix de la Légion d'honneur.

Dufau a été aussi le maître de M. Siou, votre digne et excellent professeur; et lui aussi, l'année dernière, a été décoré de la Légion d'honneur, aux applaudissements unanimes de l'École qui a conservé pour ce fait à M. de Marcère, alors ministre de l'intérieur, un sentiment de reconnaissance!

Le 10 août 1861, on a inauguré la statue de Valentin Haüy, de ce créateur de l'art d'instruire les aveugles, et M. Dufau, sortant alors de sa retraite, vint retracer, dans les termes les plus touchants, quels services ce grand homme avait rendus à l'humanité.

Rodenbach, cet homme éminent de la Belgique, et qui, quoique aveugle, a représenté son pays pendant près de trente ans au congrès et au parlement, avait voulu, lui aussi, venir saluer la statue du maître dont il était le plus brillant élève.

A cette époque de 1861, Valentin Haüy n'avait pas encore de tombe. Il en a une à présent au cimetière du Père-Lachaise, élevée en votre nom, et cette tombe, selon le vœu exprimé par Mme la marquise Haüy de Forville, sa petite-fille porte aujourd'hui en lettres de bronze l'inscription suivante :

A VALENTIN HAÜY.

1745-1822

LES AVEUGLES RECONNAISSANTS !

Ne négligez pas, mes amis, d'aller prier sur cette tombe, comme le font les sourds-muets sur la tombe de l'abbé de l'Épée, qui fut aussi leur bienfaiteur.

Enfin, une Société de patronage et de secours pour les aveugles fut fondée en 1841 par les soins de Dufau, qui chercha à réaliser l'alliance du travail et de la cécité, et dans le rapport qu'il lut à la Société, dans la séance du 18 mai 1843, on lit l'expression d'un vœu qu'il m'est doux de rappeler :

« Veuille le Dieu tout-puissant, qui protège sur-
« tout les pauvres et les affligés, accorder le succès
« aux vœux ardents que nous lui adressons et réali-
« ser ainsi les espérances que j'ai conçues en faveur
« de ceux au bonheur desquels sa volonté a voué ma
« vie entière ! »

Ceci est bien l'image de son cœur et les paroles touchantes de ses derniers moments en complètent l'expression.

Montaigne a dit : *La mort n'est rien, c'est le mourir !*

Dufau s'y prépara chrétiennement, et, le 22 octobre 1877, il rendit son âme à Dieu, à l'âge de quatre-vingt-trois ans !

Il conserva sa connaissance jusqu'à la fin, et, après avoir fait ses adieux à la compagne dévouée de sa vie, « *N'oublie pas*, dit-il, *les jeunes aveugles, que j'ai* « *tant aimés.* »

Et cet homme de bien s'éteignit dans la paix du Seigneur !

Par respect pour ses vœux, Mme Dufau, sa veuve,

s'est empressée de fonder un prix annuel. au nom de son mari, et qui portera le nom de :

Fondation Dufau, ancien directeur,

à décerner annuellement à l'élève de dernière année, garçon ou fille, que désignera la Commission consultative.

Mme Dufau s'est dessaisie, à cet effet, sur sa modeste fortune, d'une inscription de rente perpétuelle de 100 francs 3 p. 100 dont l'Institution est aujourd'hui régulièrement nantie.

Ce prix sera donc décerné chaque année et, pour la première fois, dans quelques instants.

L'Institution prie Mme Dufau; et vous vous y associerez tous, de recevoir nos témoignages de profonde gratitude.

Elle est bien la digne femme que l'Institution a connue et dont tant de pauvres enfants ont apprécié la bonté.

J'ai essayé, mes amis, de justifier l'hommage que nous rendons à votre ancien et éminent directeur ; je demande à vos souvenirs de suppléer à ce qu'il peut y avoir eu d'insuffisant dans mes paroles.

Mais je vous demande surtout de ne jamais oublier tous ses efforts pour développer votre instruction et votre éducation, et mettez en pratique tous les préceptes que, sur les traces de Valentin Haüy, il vous a laissés !

Milton, dictant à ses filles *le Paradis perdu,* leur disait :

Les années, les saisons, tout revient, mais le jour ne revient pas pour moi !

L'instruction et l'éducation, mes jeunes amis, ne vous donneront pas, cela est vrai, l'éclat du jour, le merveilleux spectacle du firmament ; mais elles éclaireront votre âme, votre cœur, votre esprit, ces grands foyers de toutes les lumières morales et intellectuelles ; de là, de grandes joies, de là, le bien-être, de là surtout la consolation et la connaissance et l'amour de Dieu.